# Libro para colorear
## Trabajando en la granja

**Coloring Pages for Kids**



Coloring Pages for Kids
An imprint of Ciparum LLC

Libro para colorear Trabajando en la granja
© 2017 Ciparum LLC
All rights reserved.
ISBN-10:1-63589-363-1
ISBN-13:978-1-63589-363-2

**Coloring Pages for Kids**

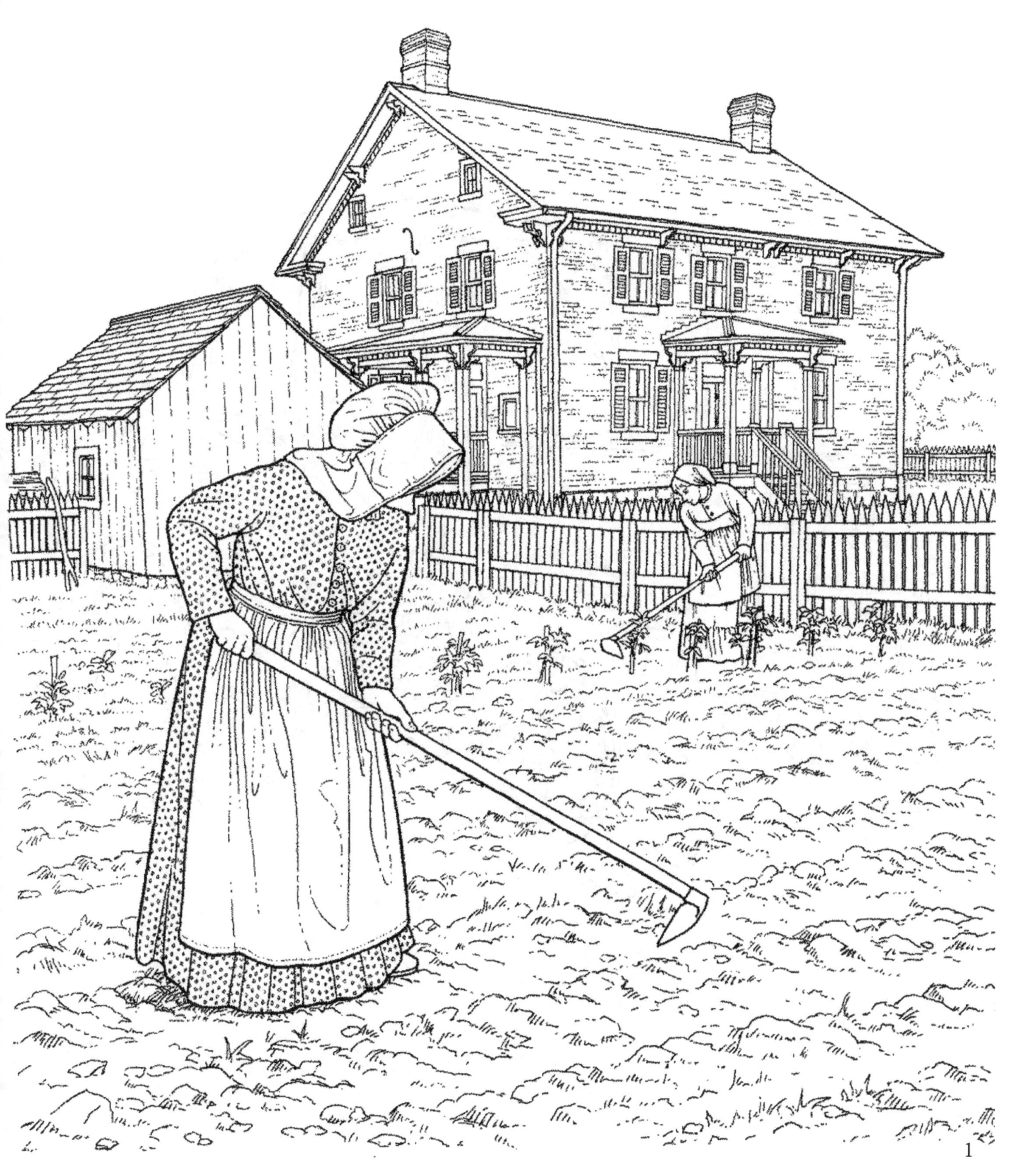

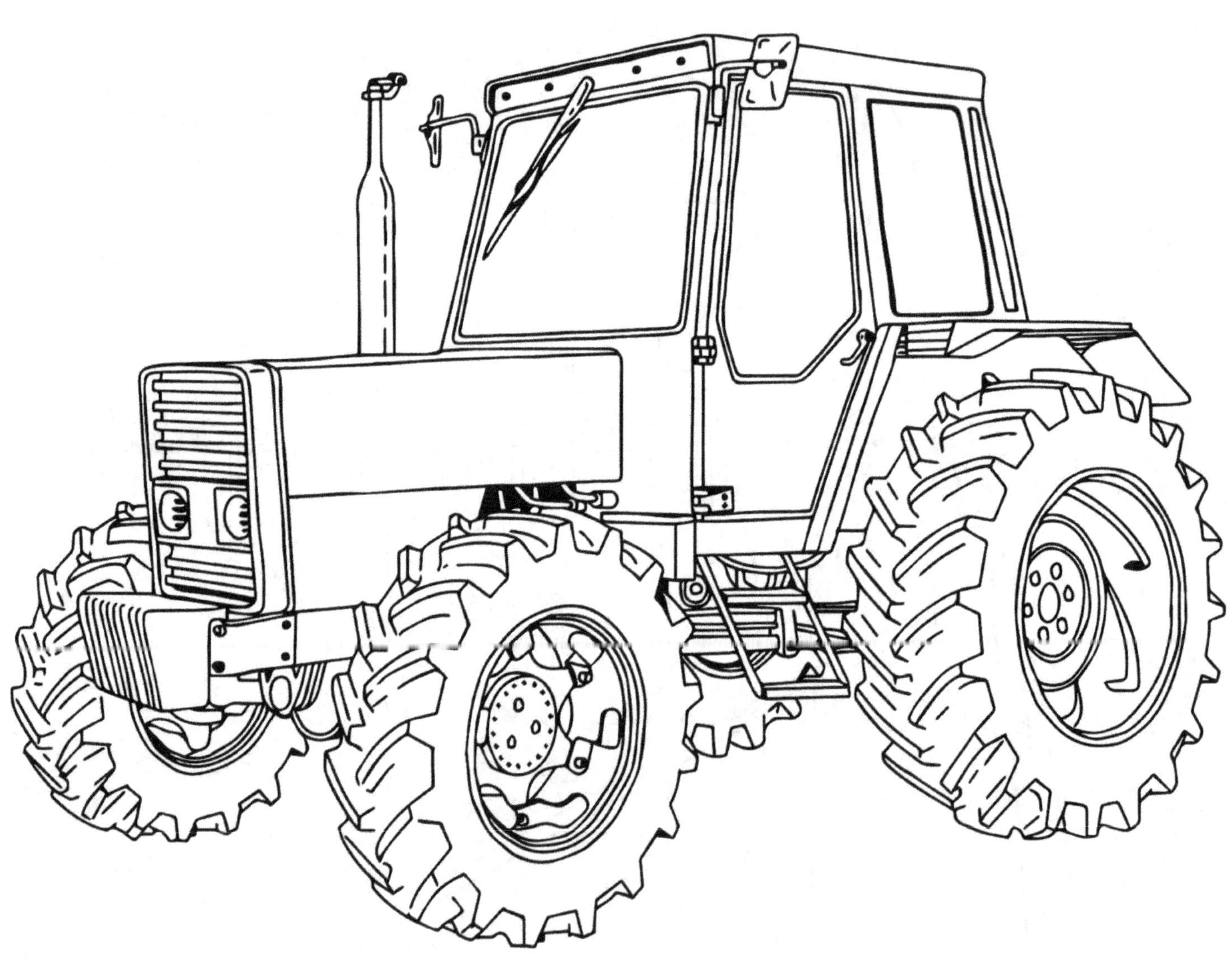

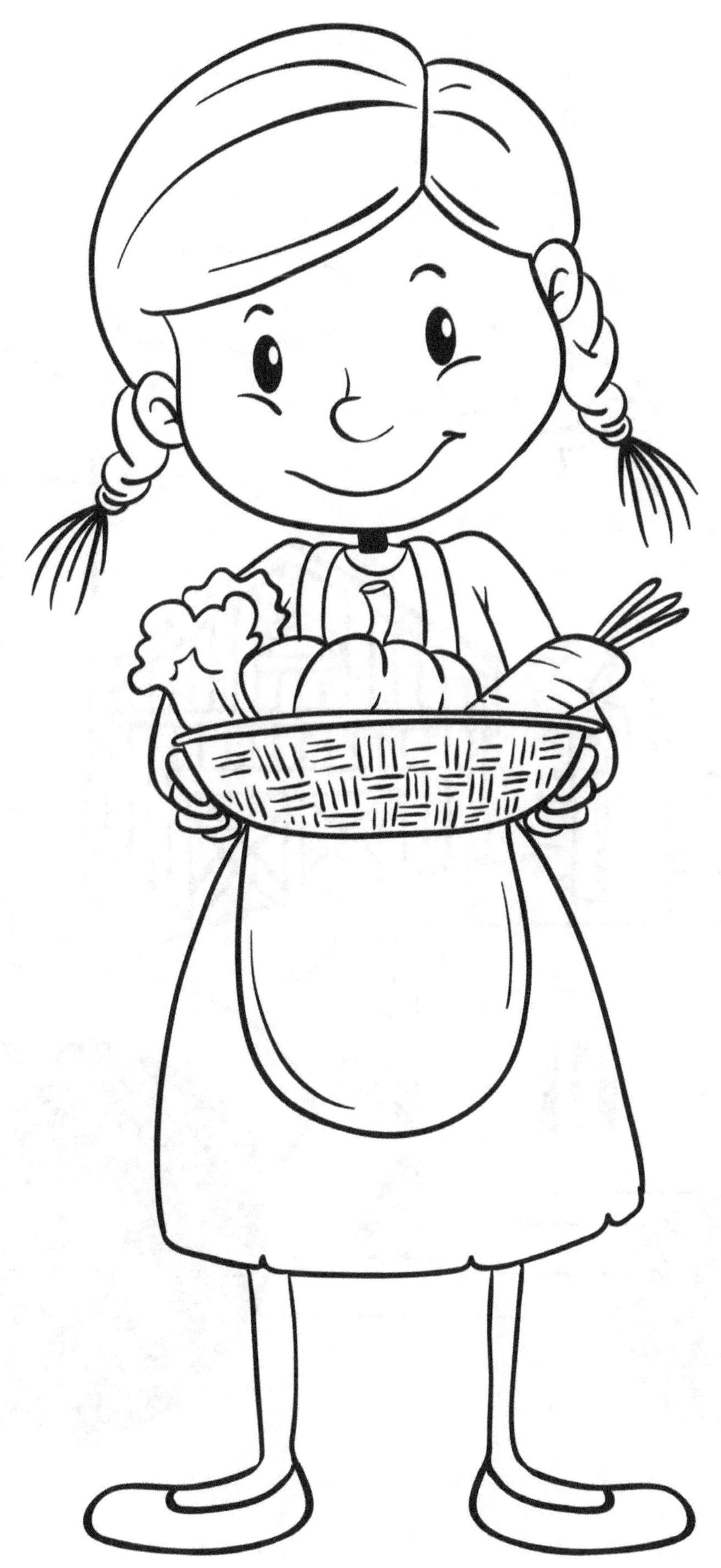

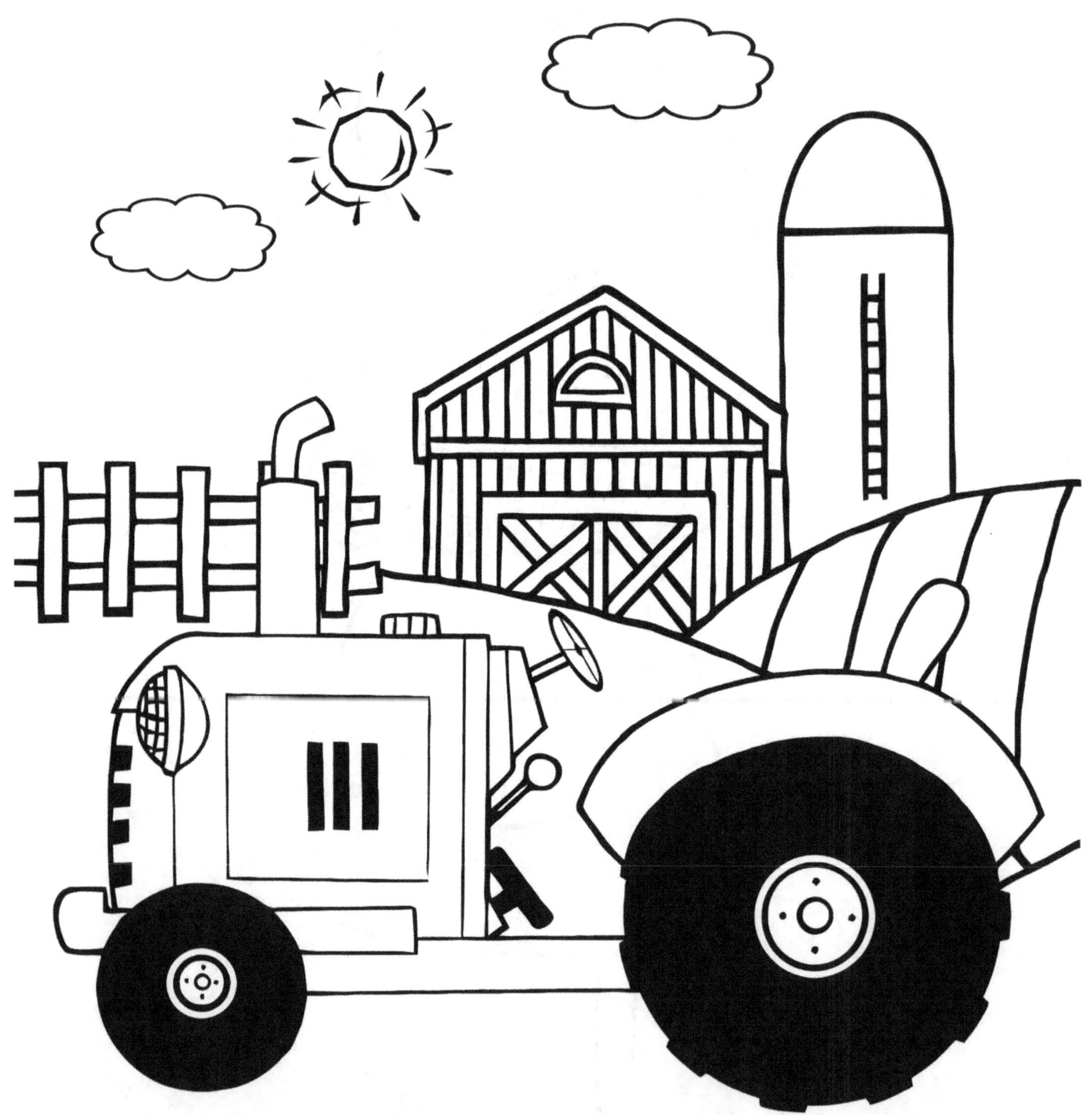

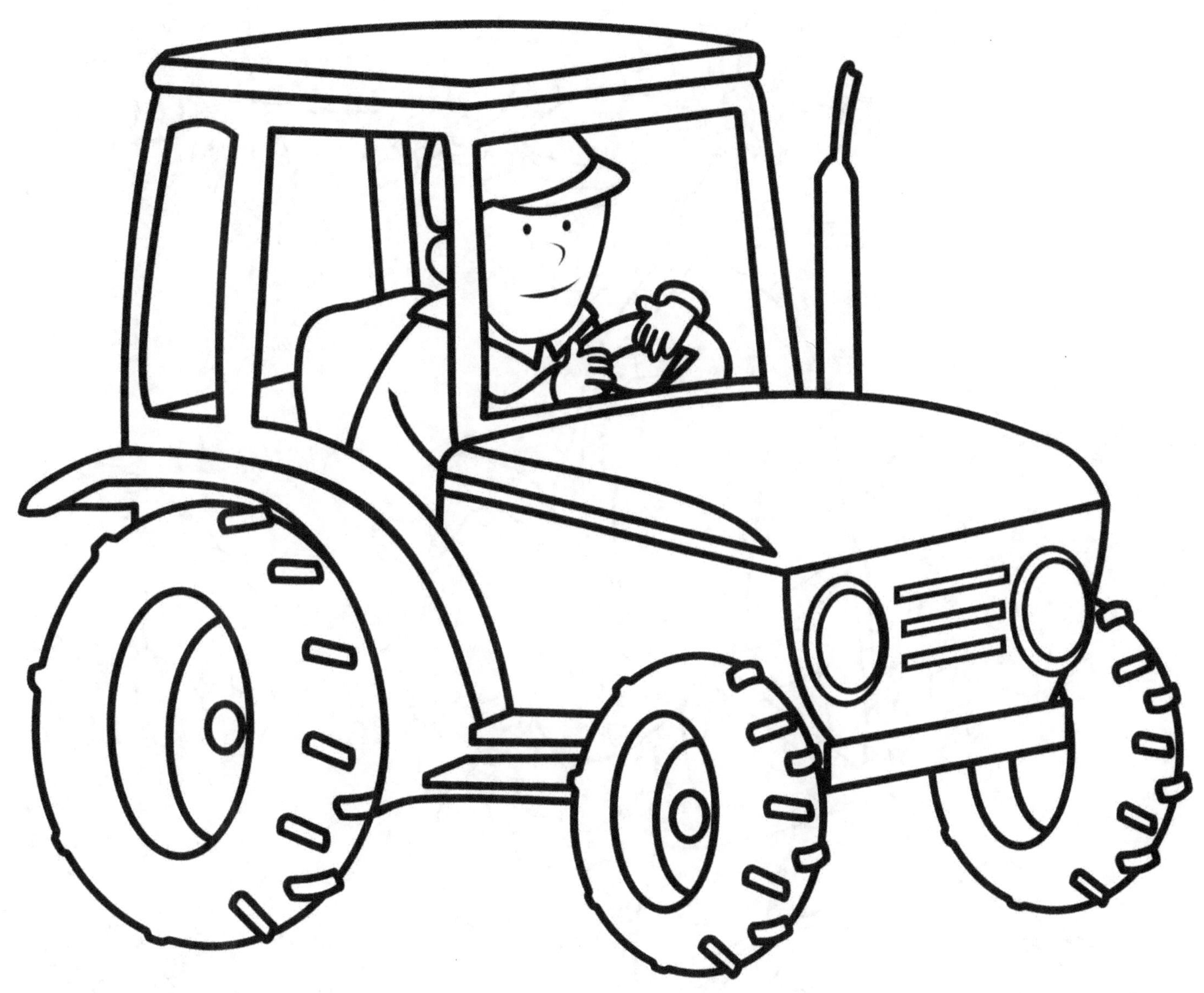

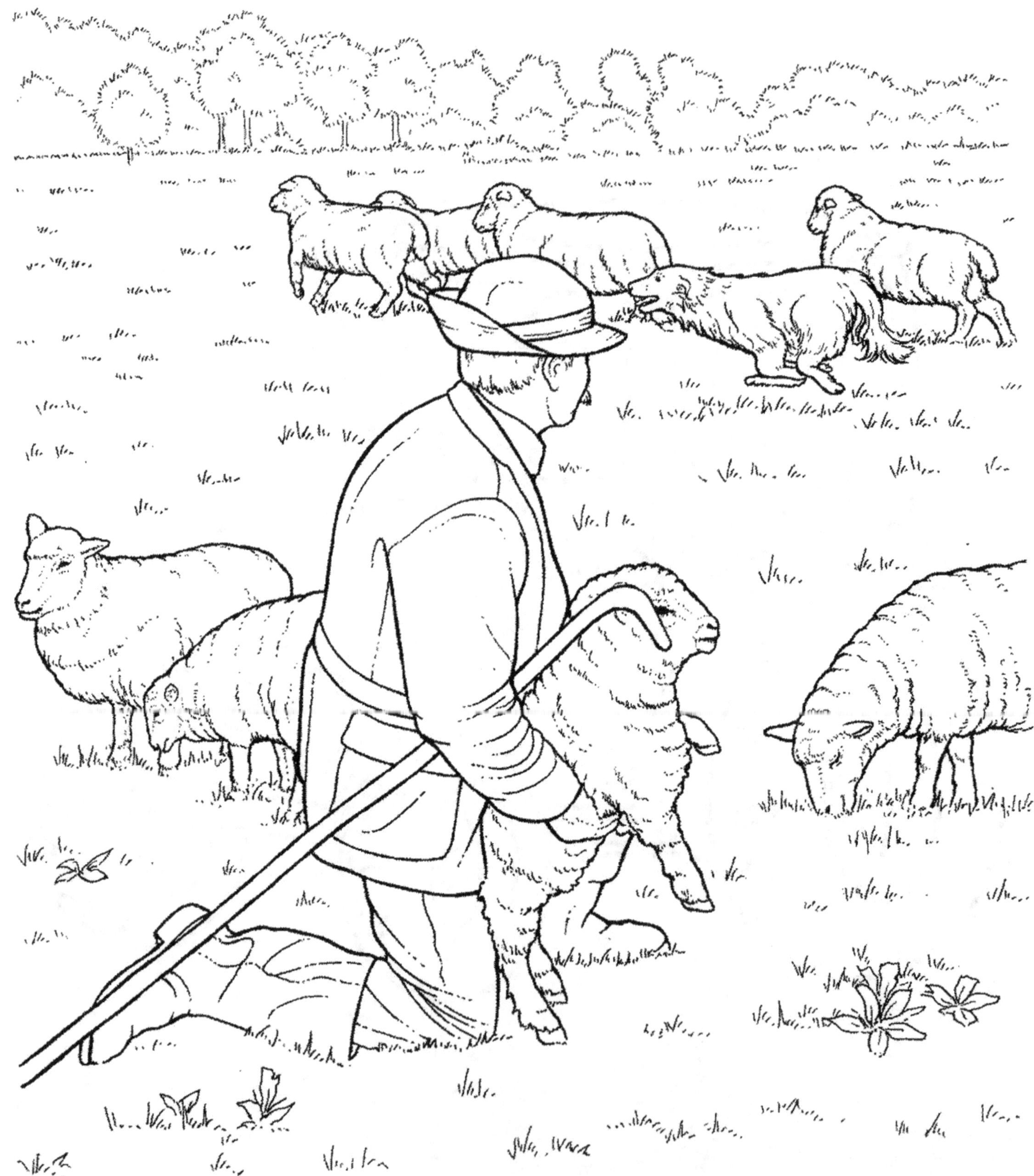

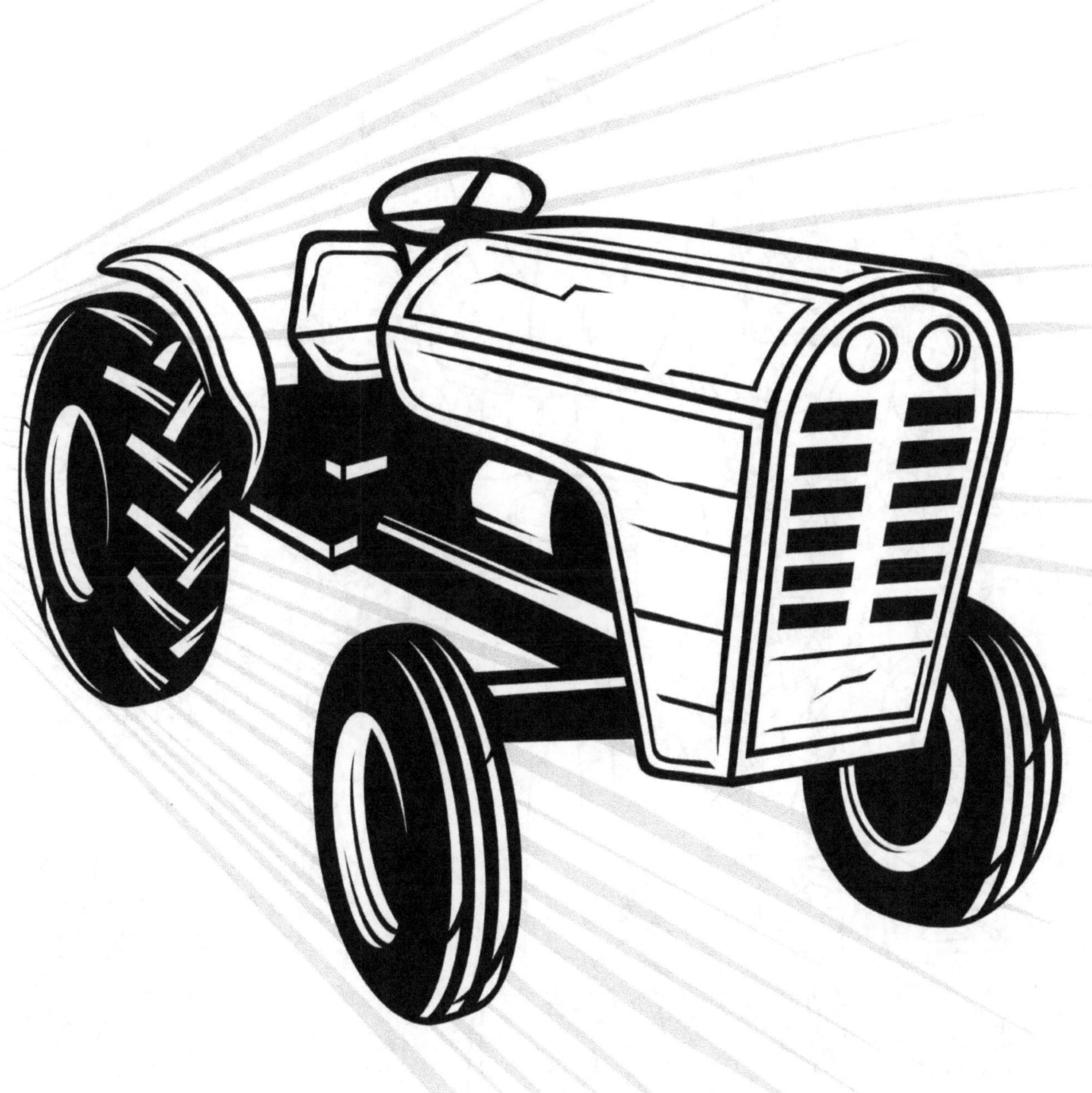

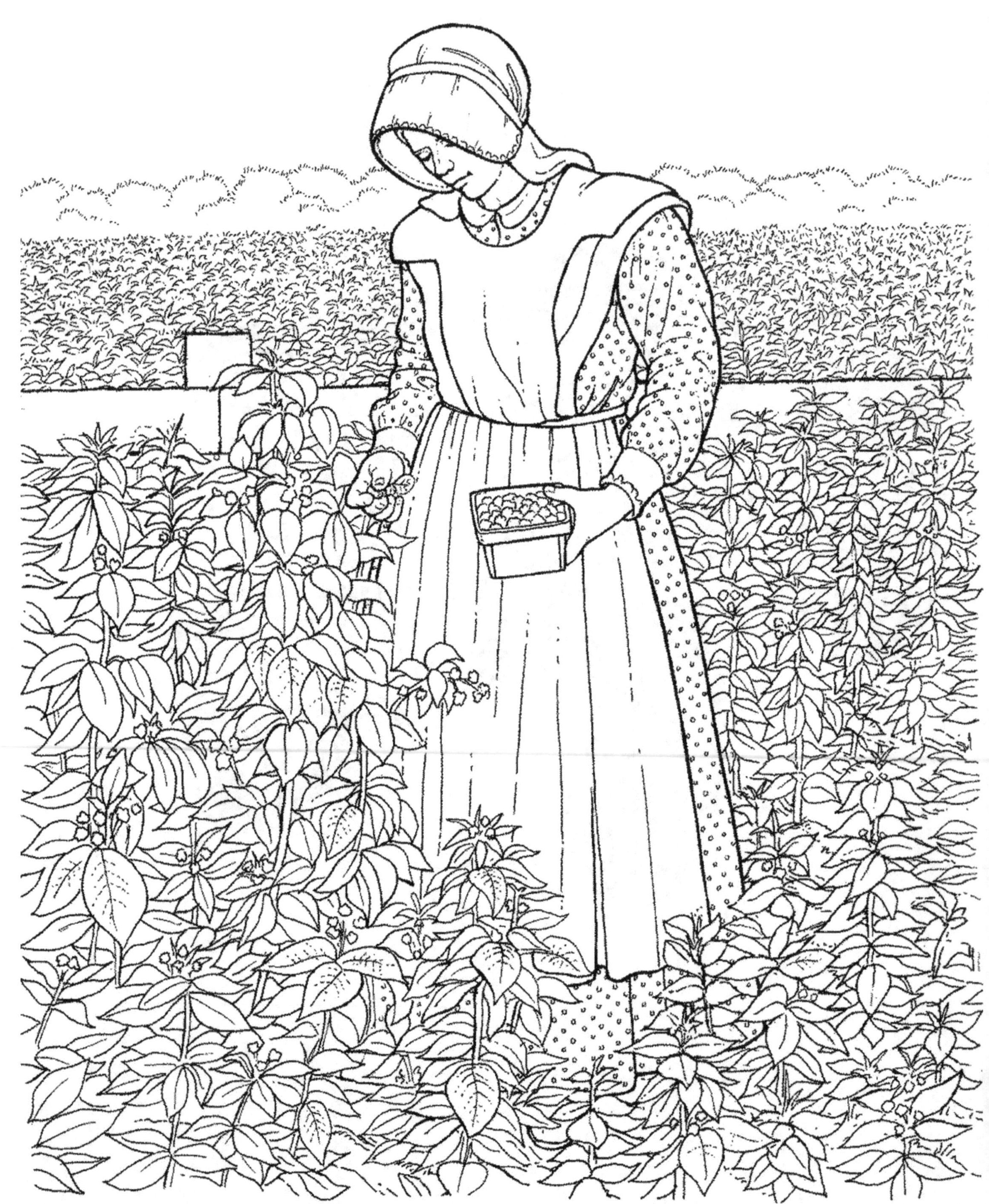

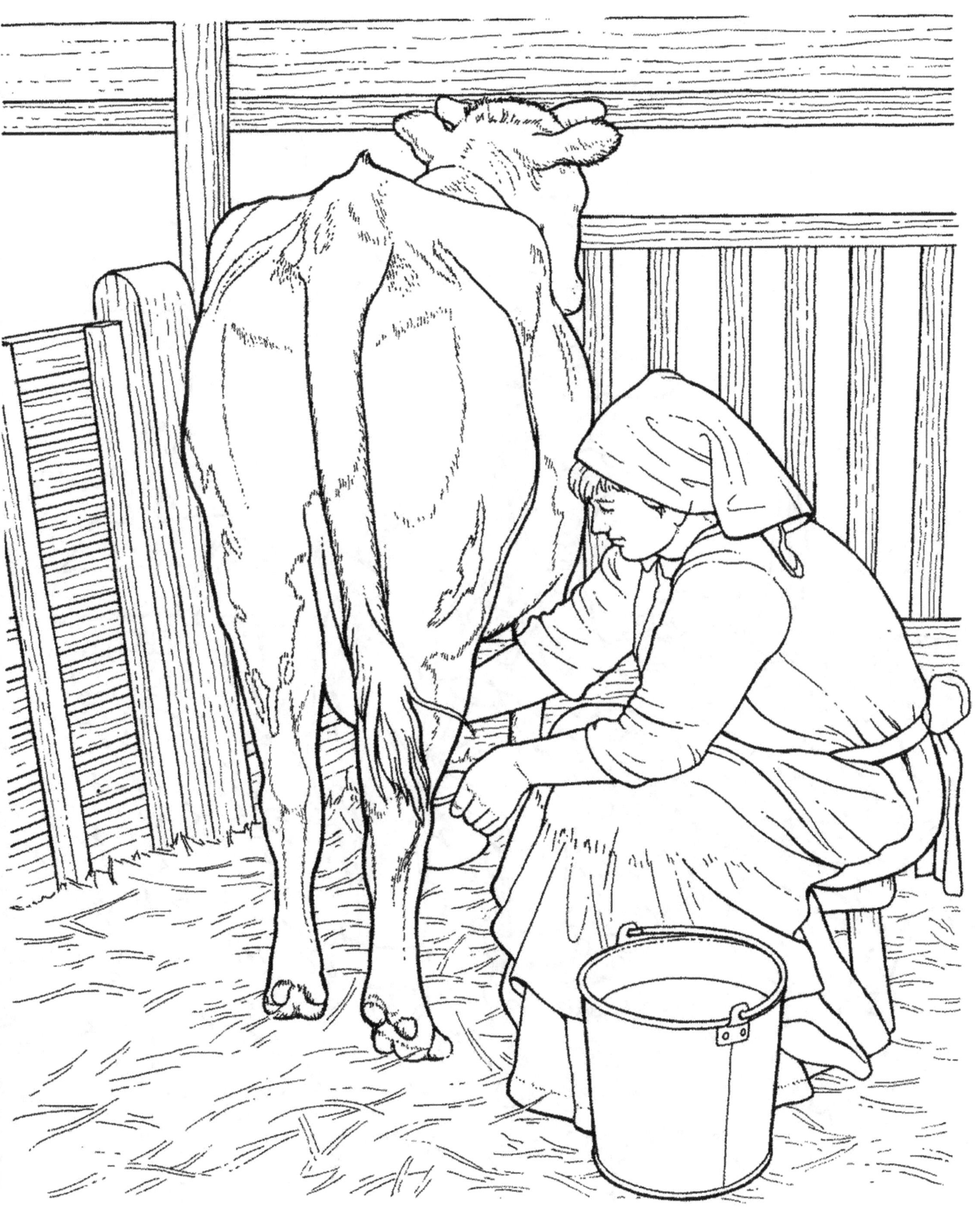

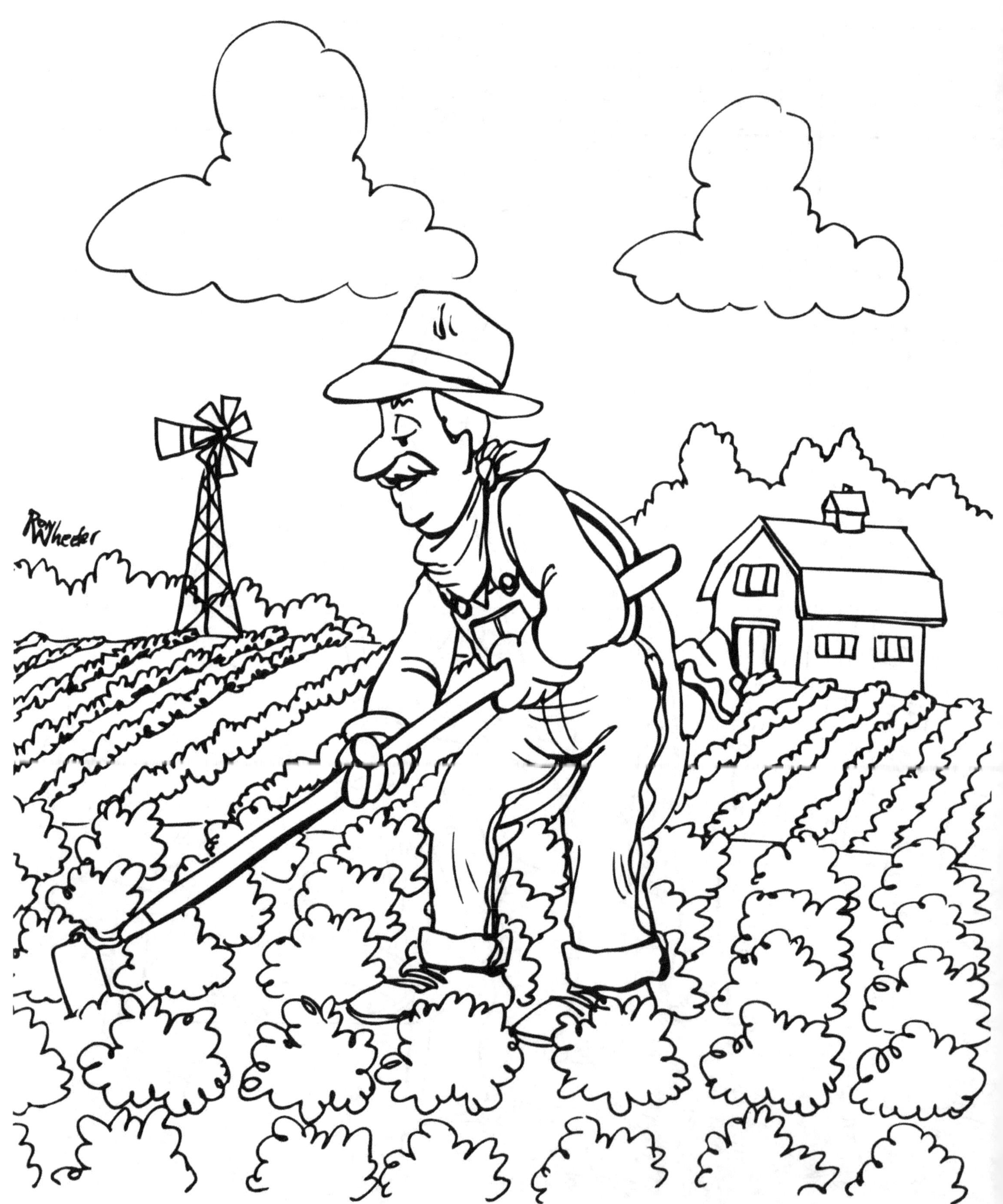
Roy
Wheeler

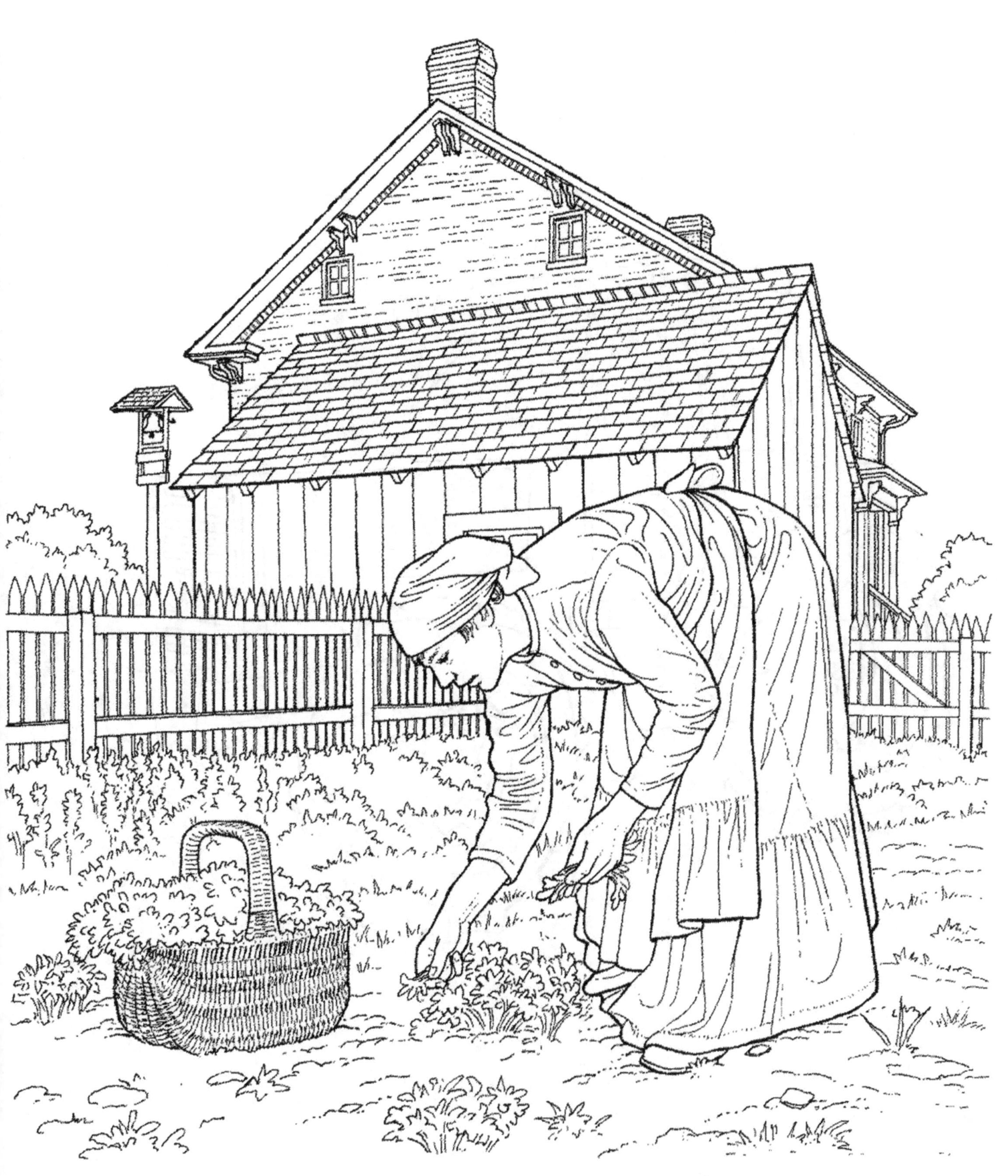

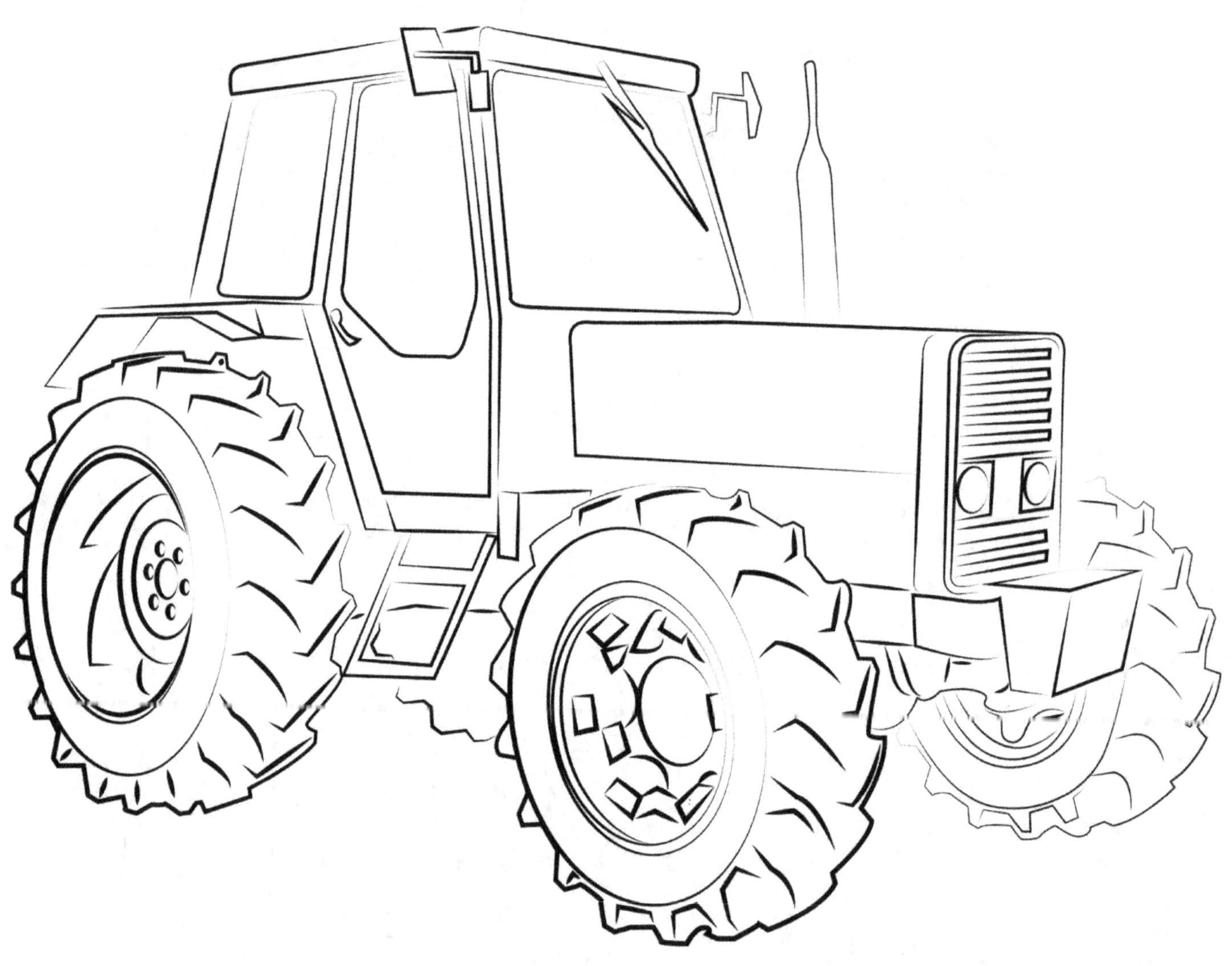

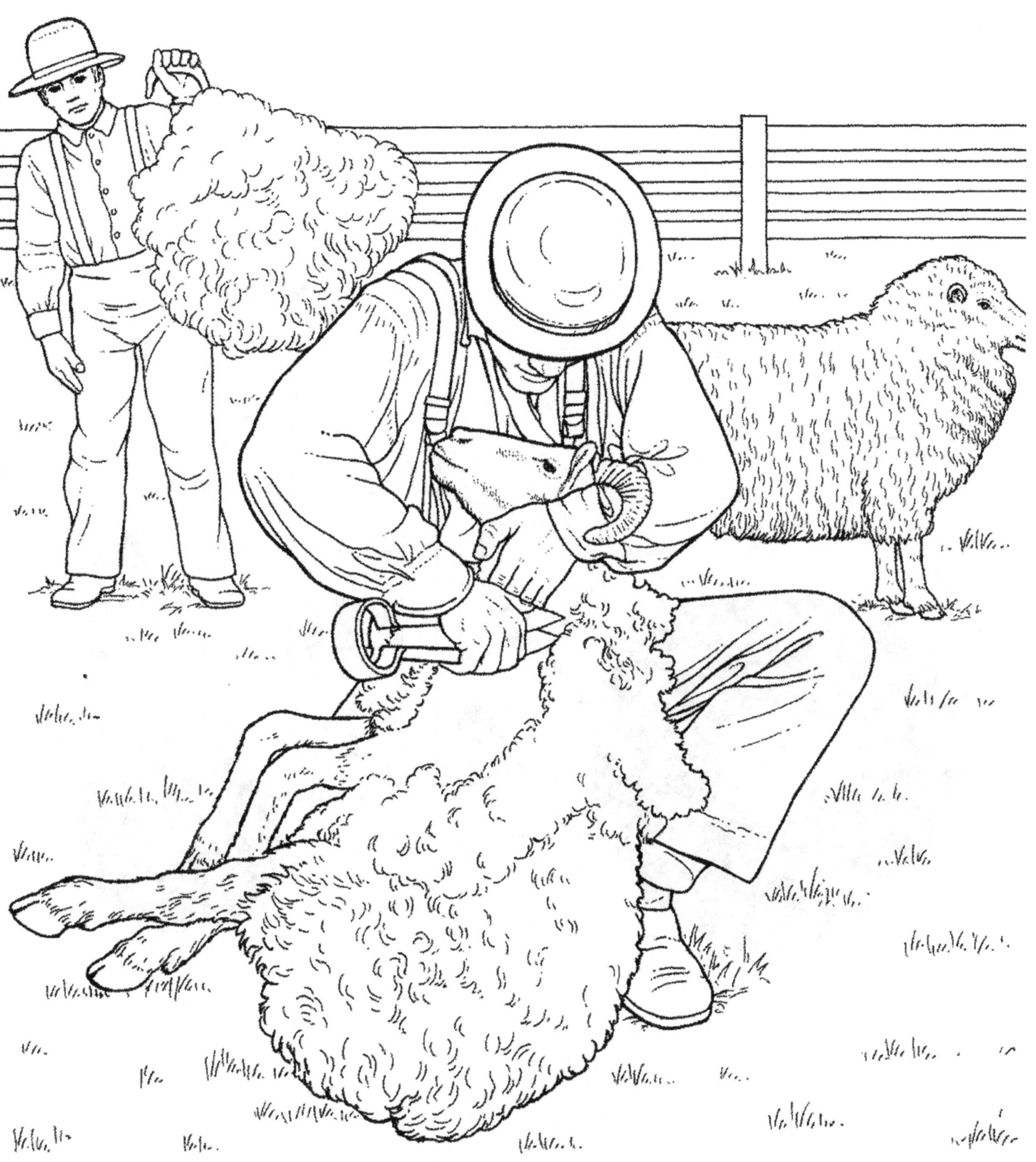

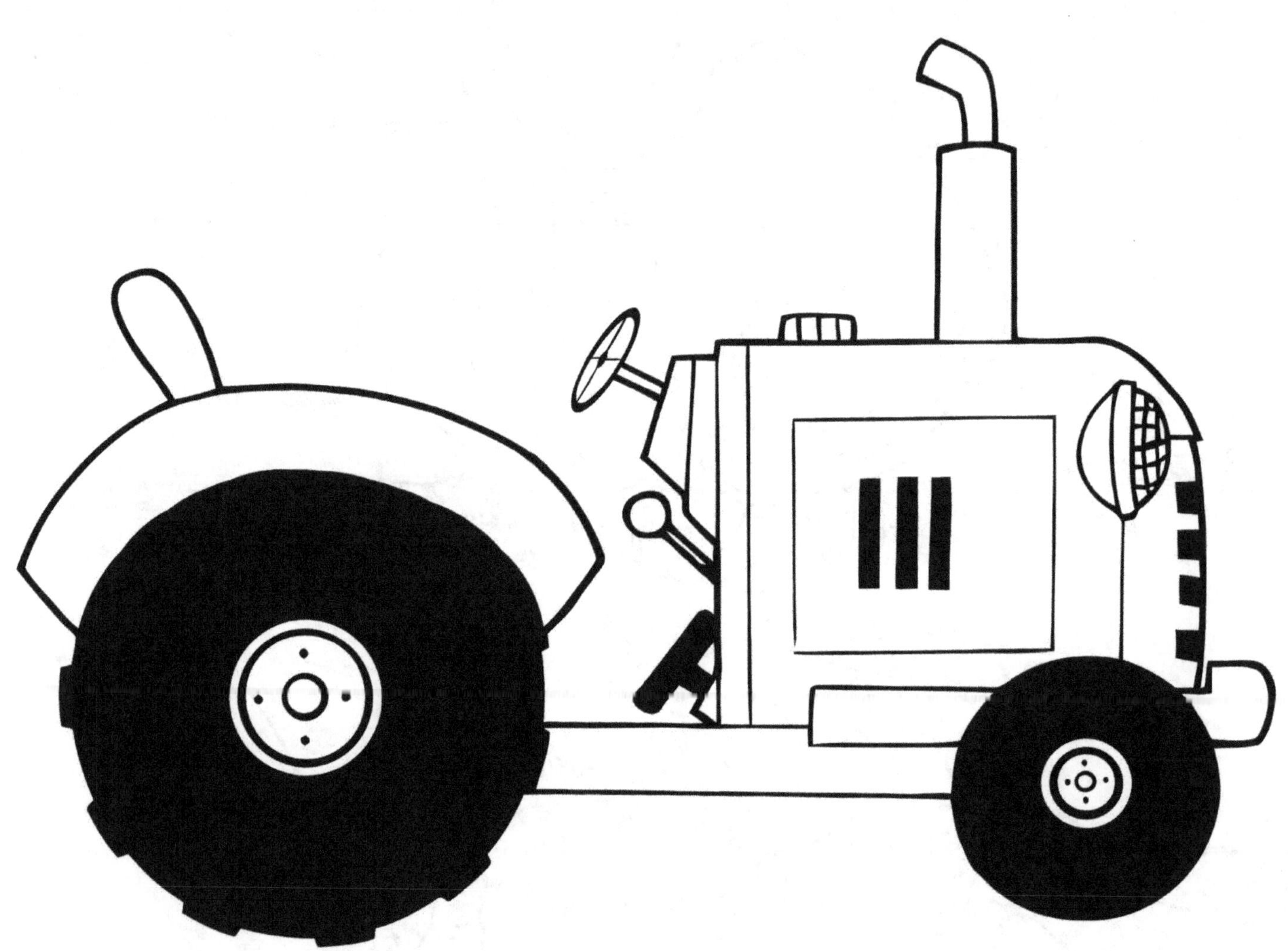

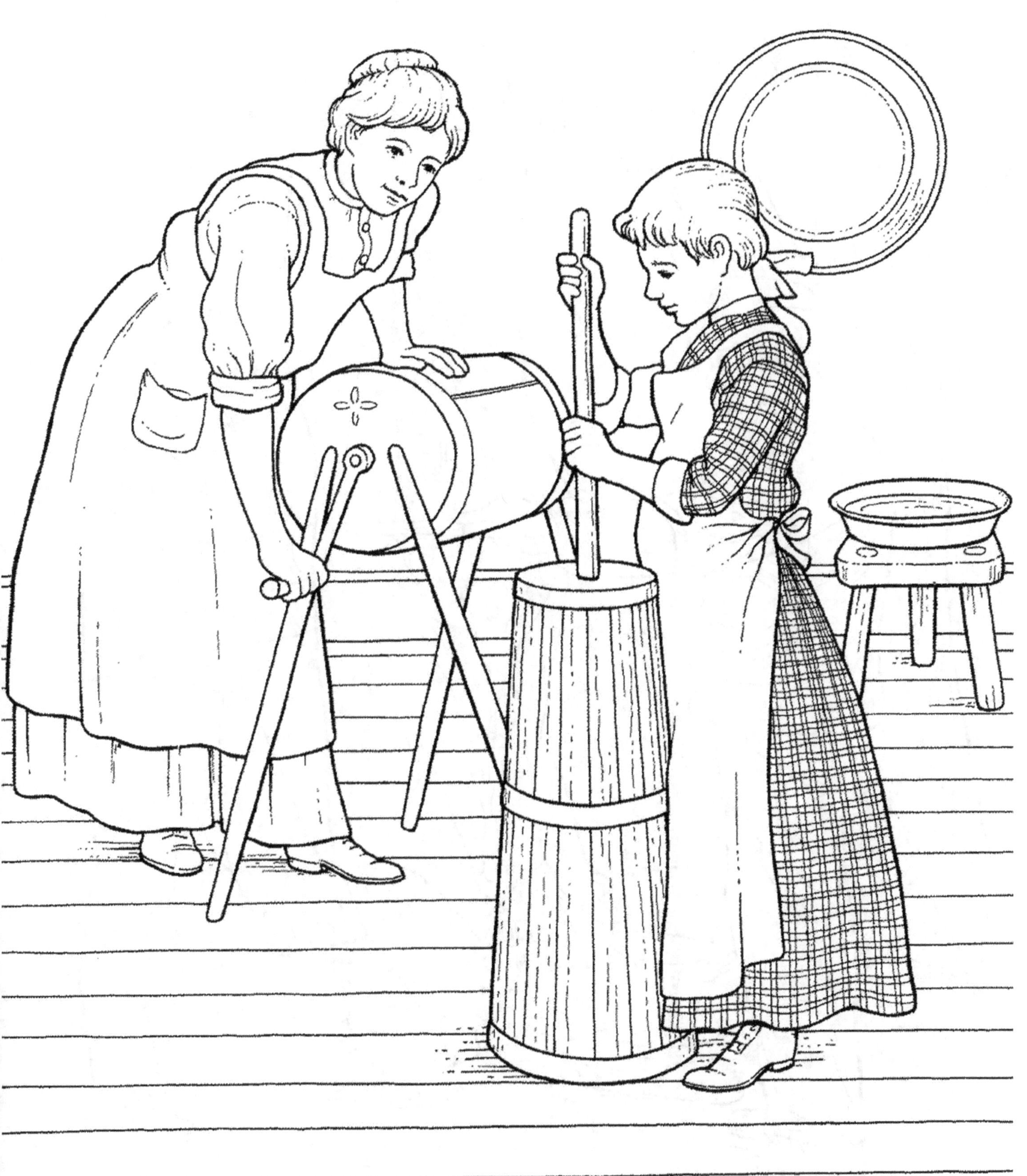

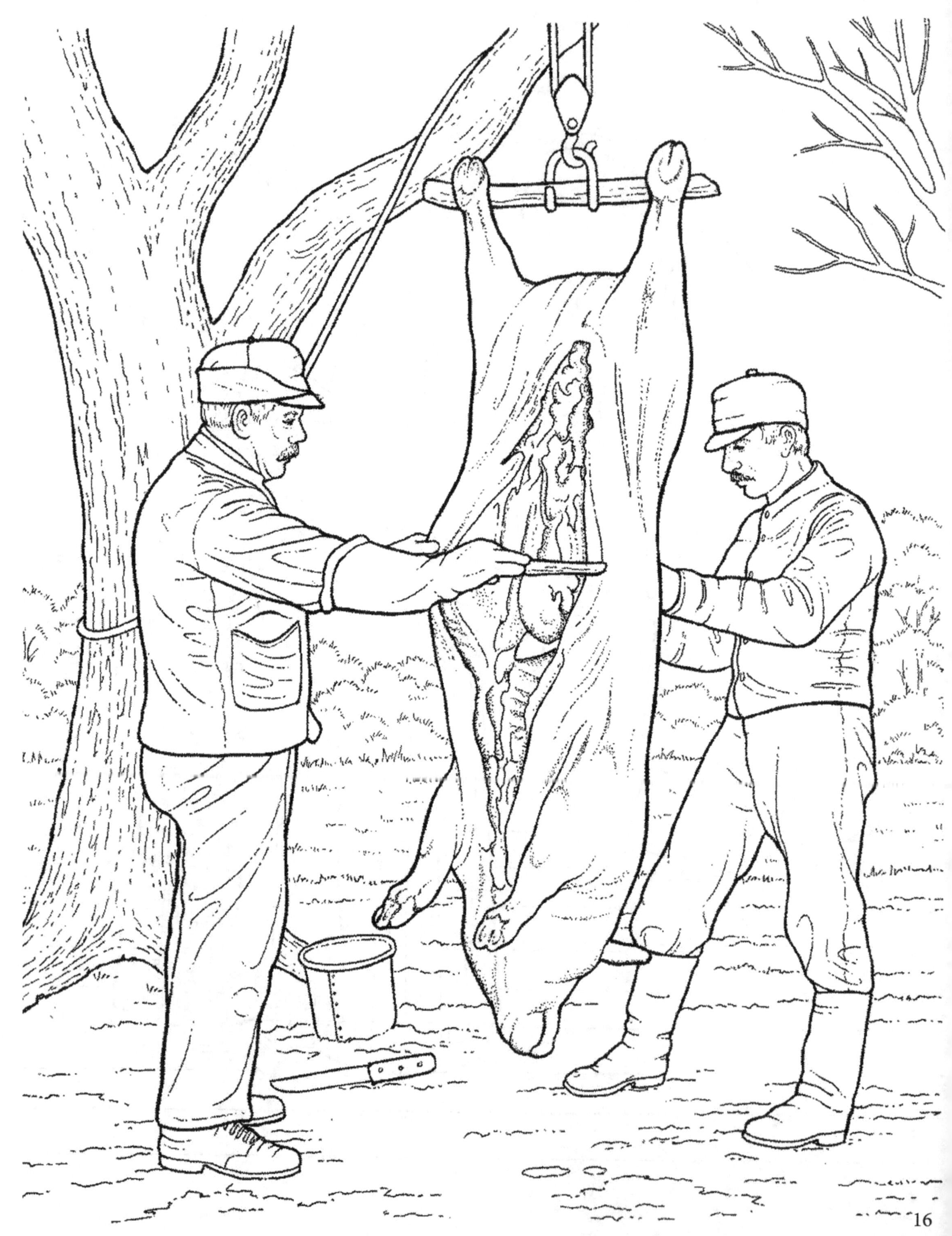

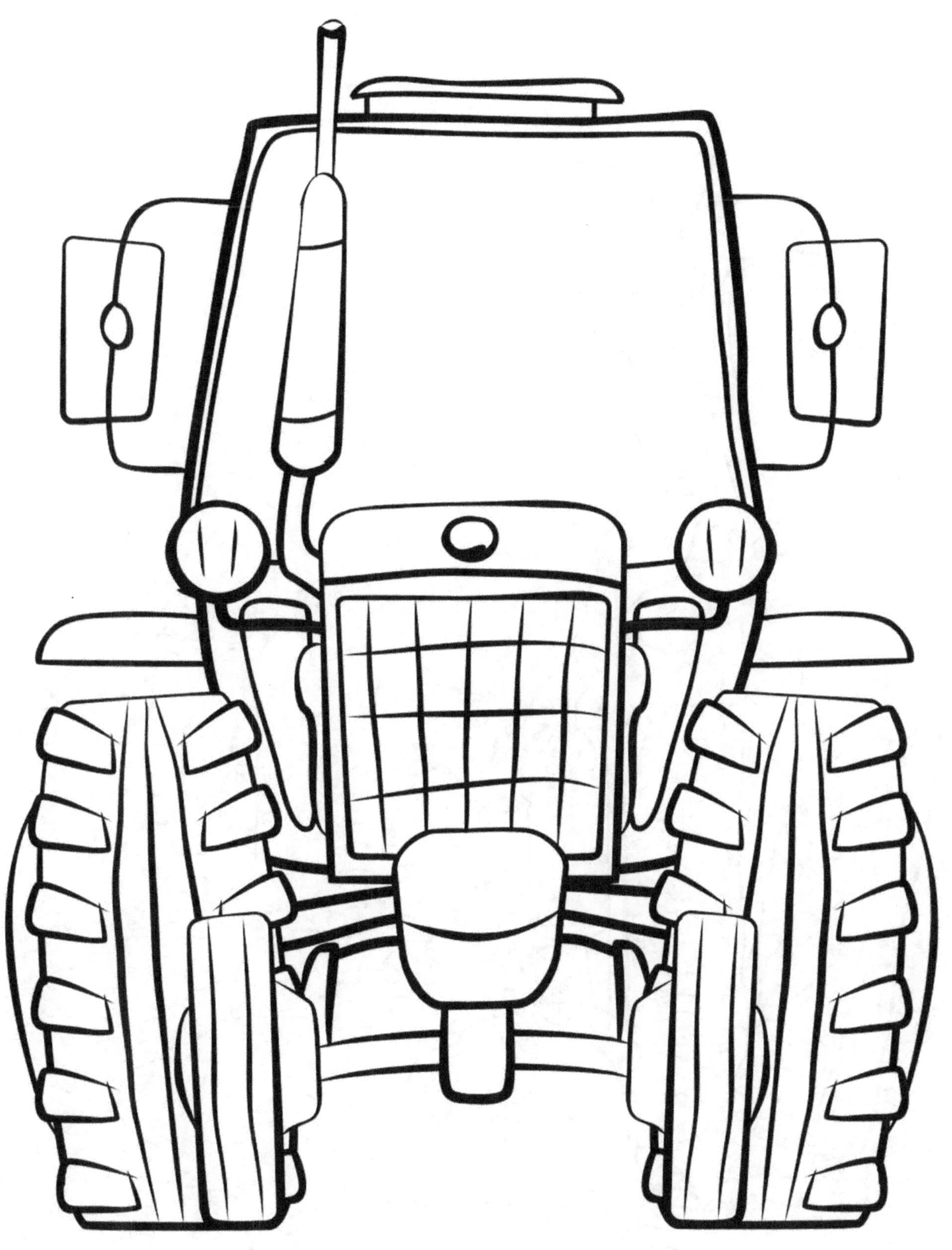

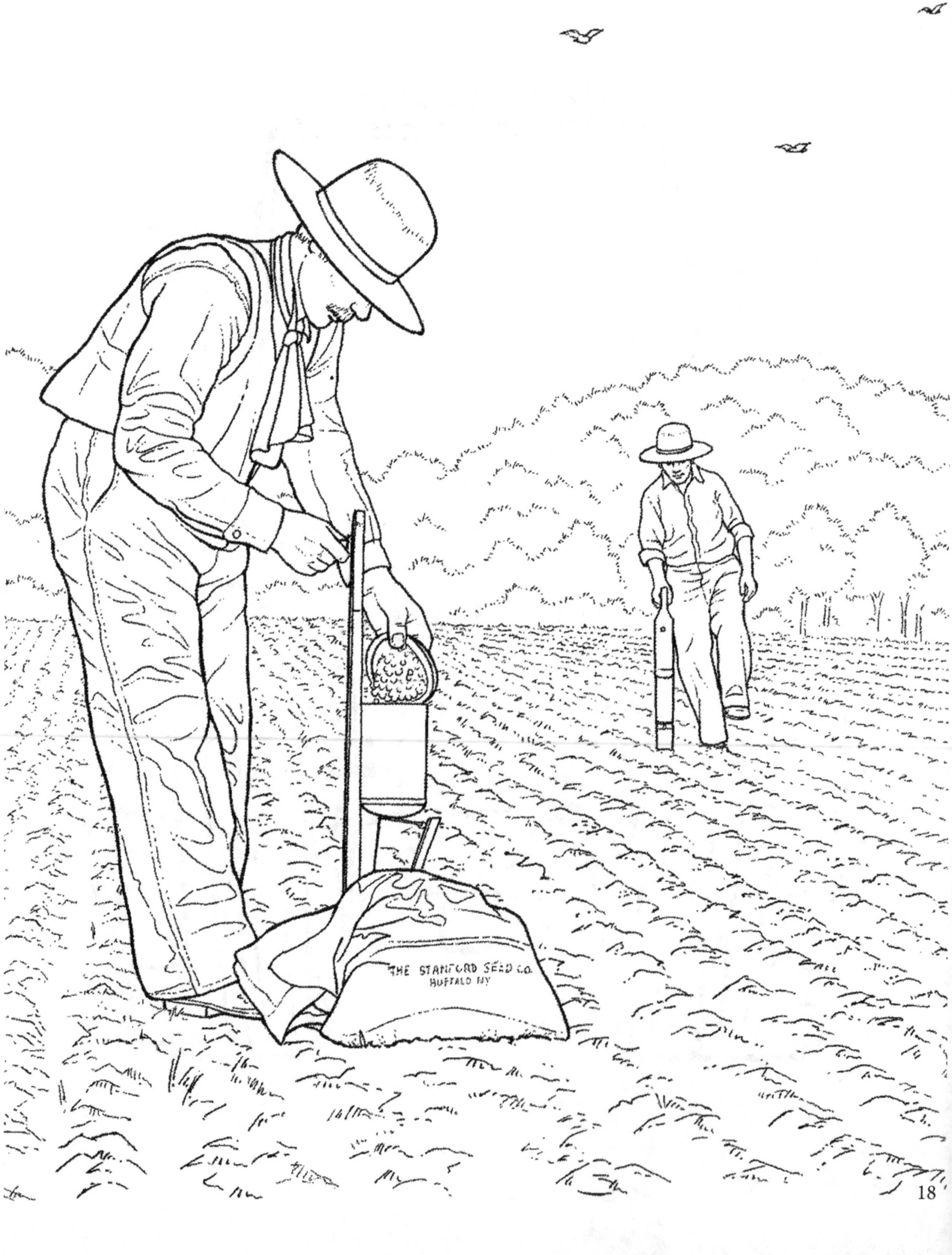

THE STANFORD SEED CO.
BUFFALO NY

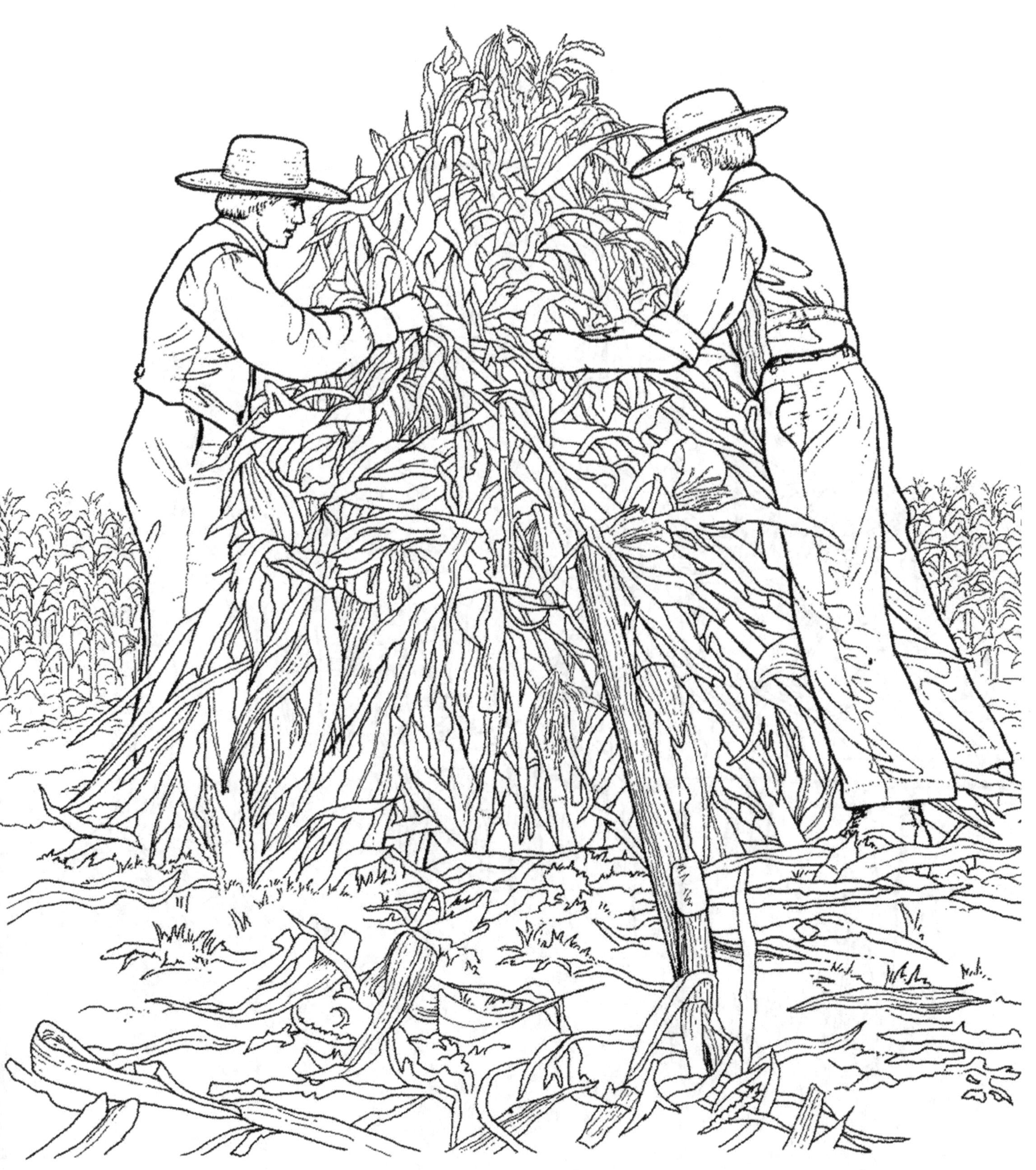

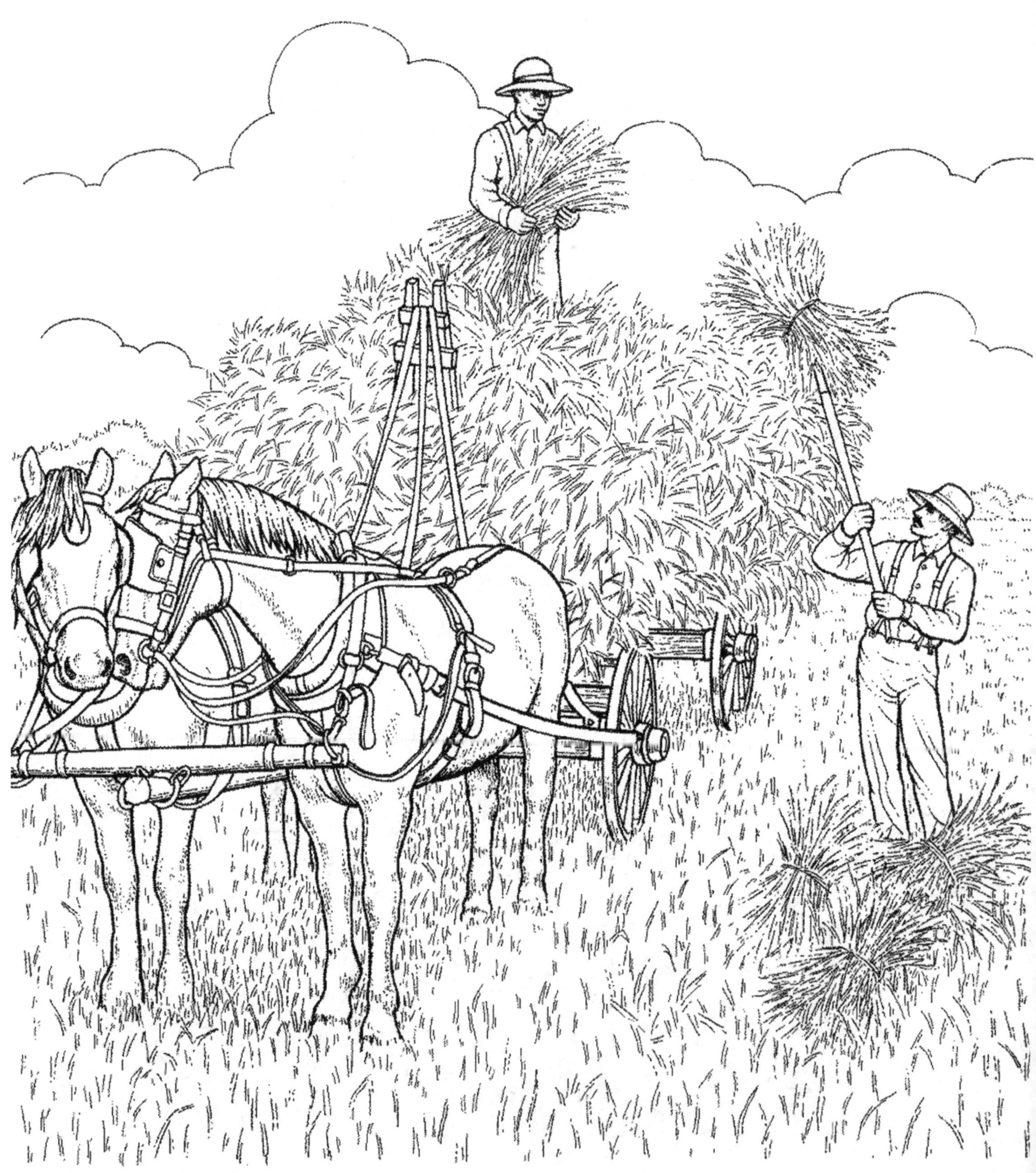

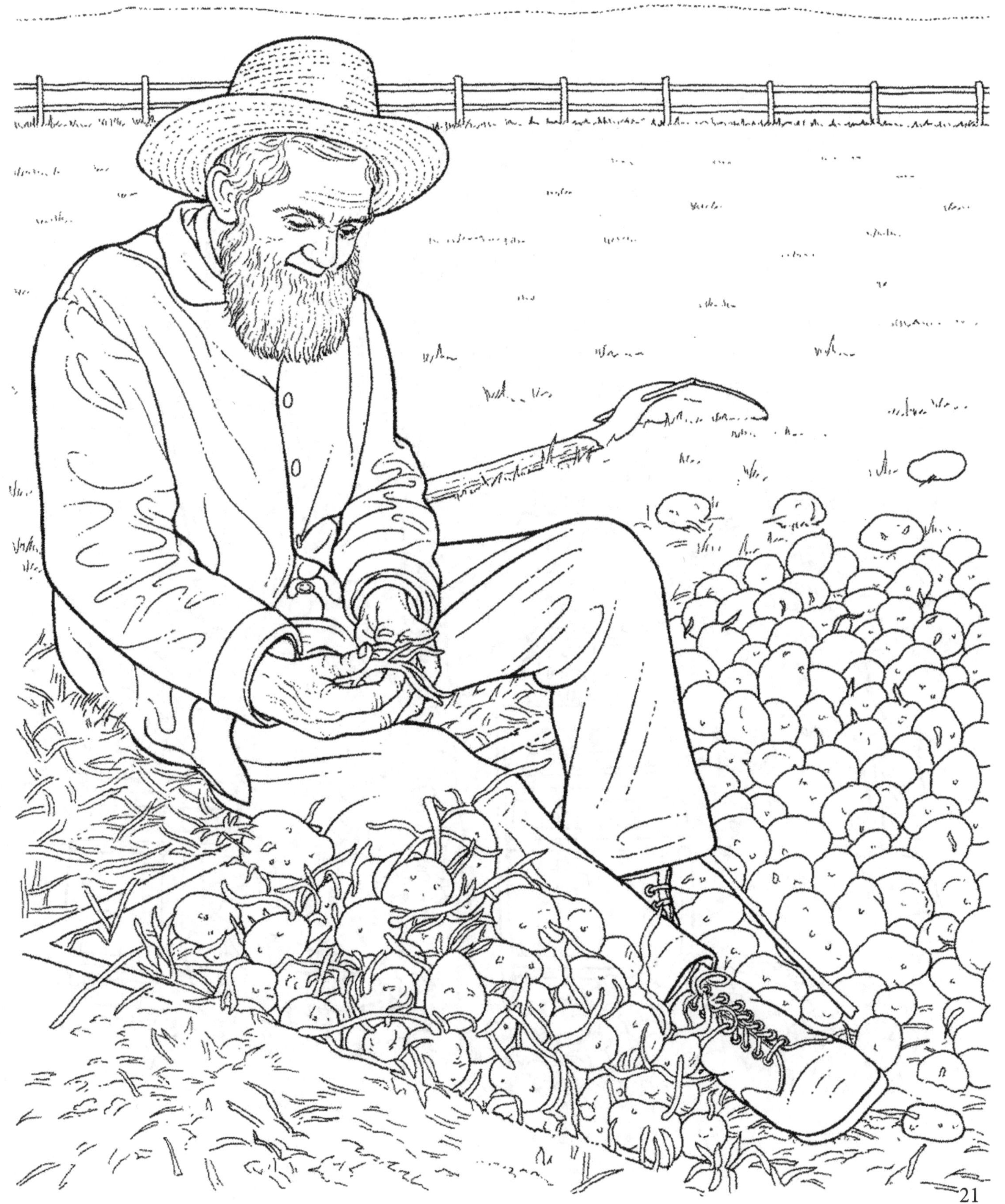

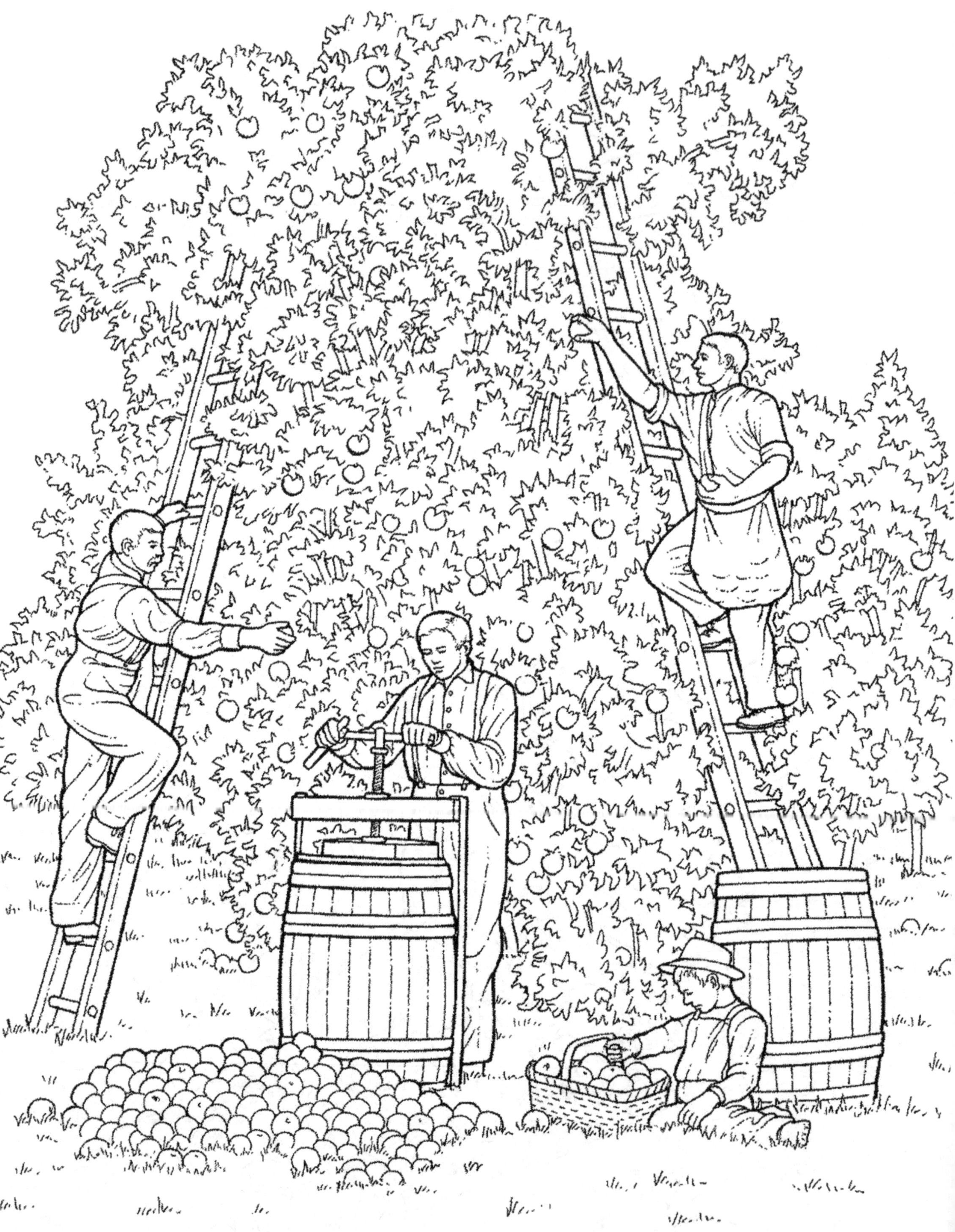

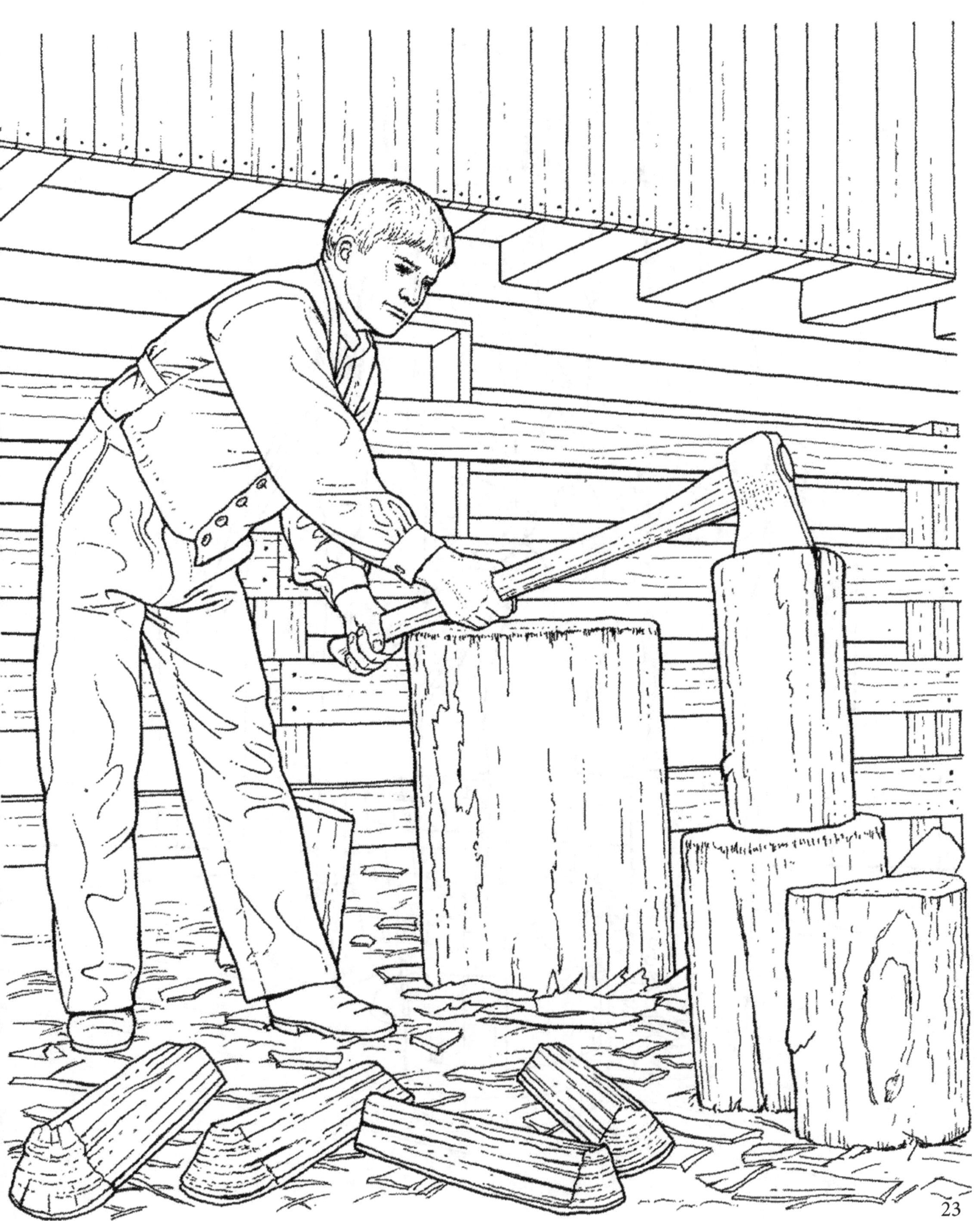

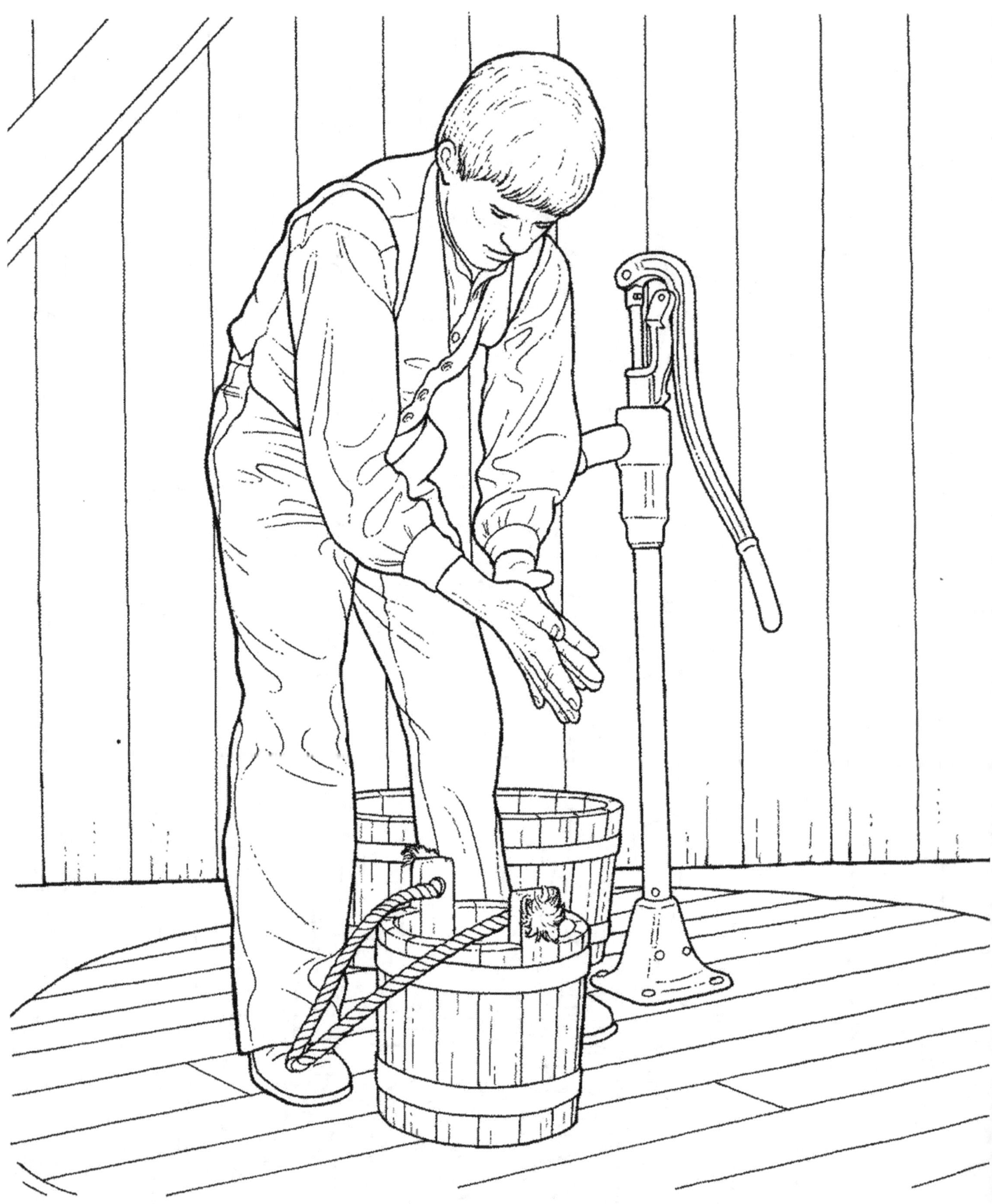

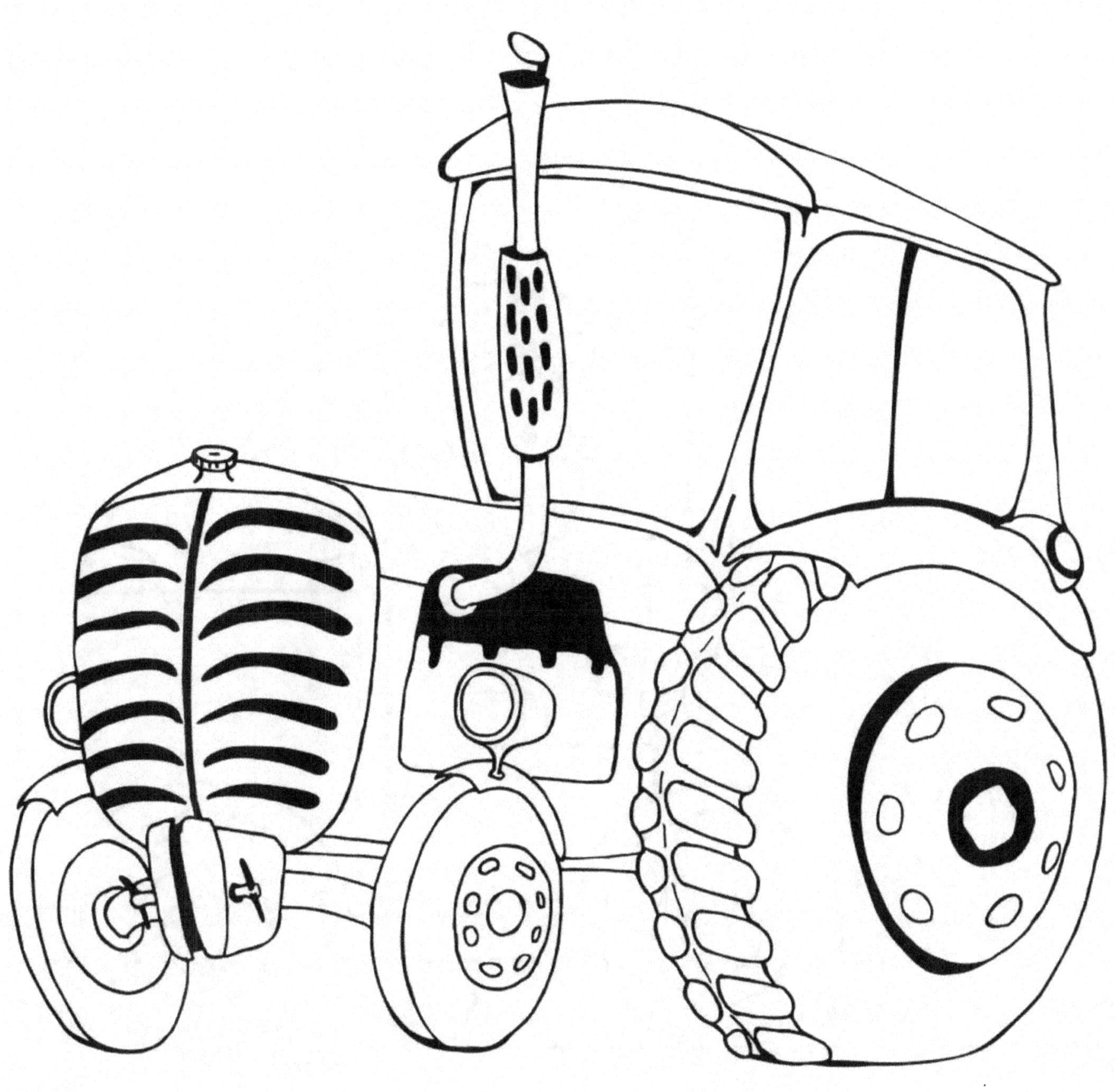

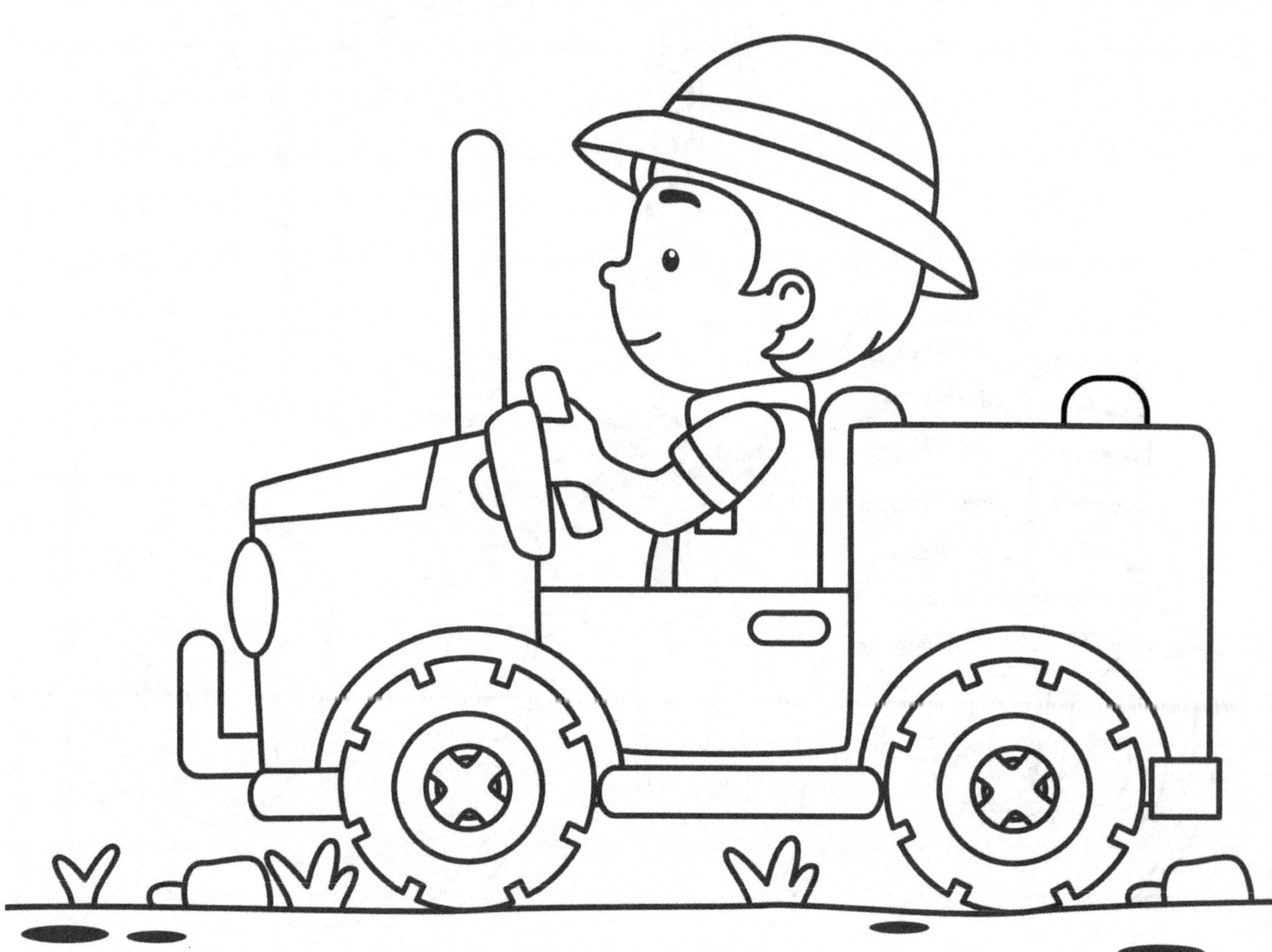

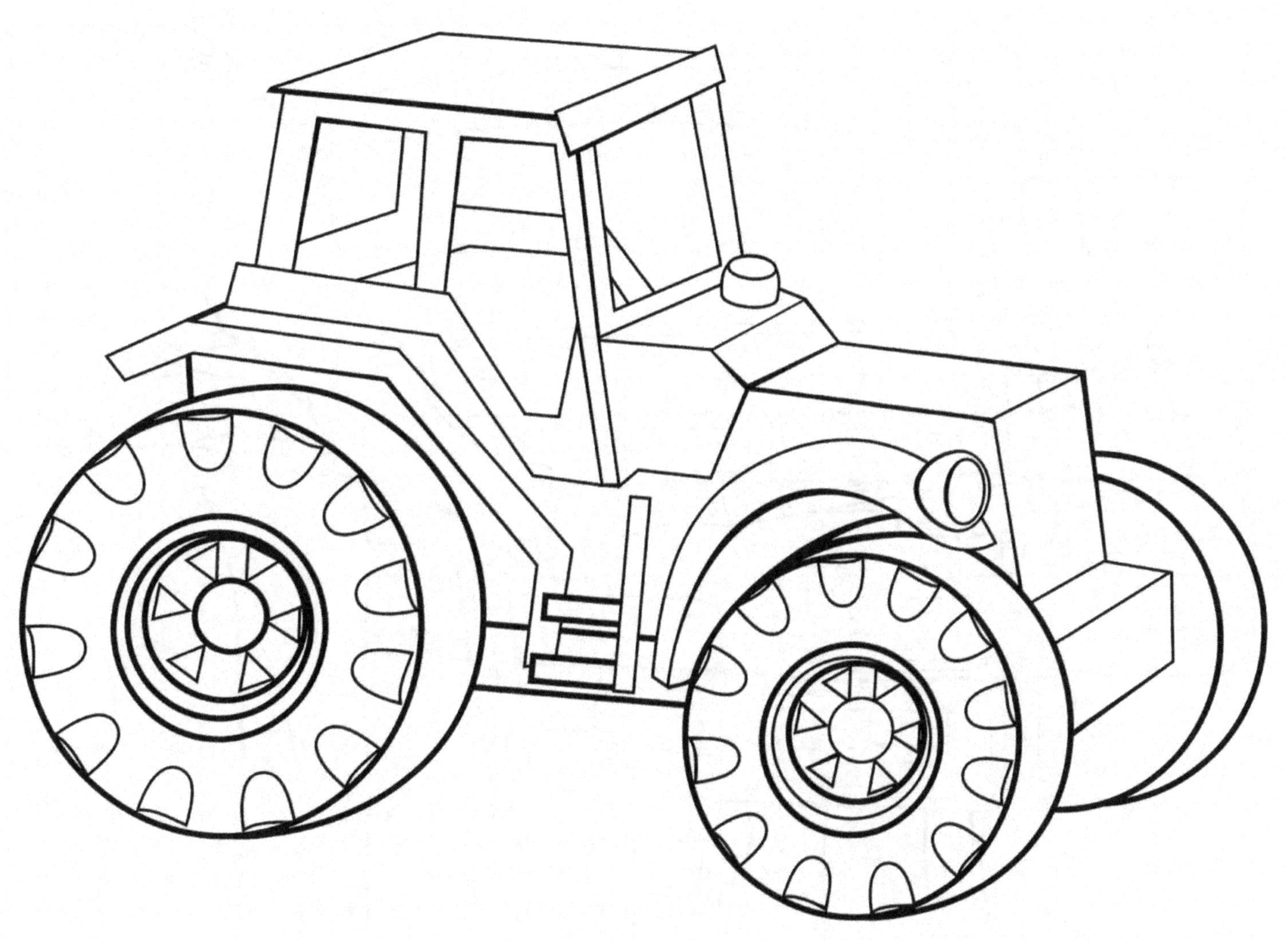

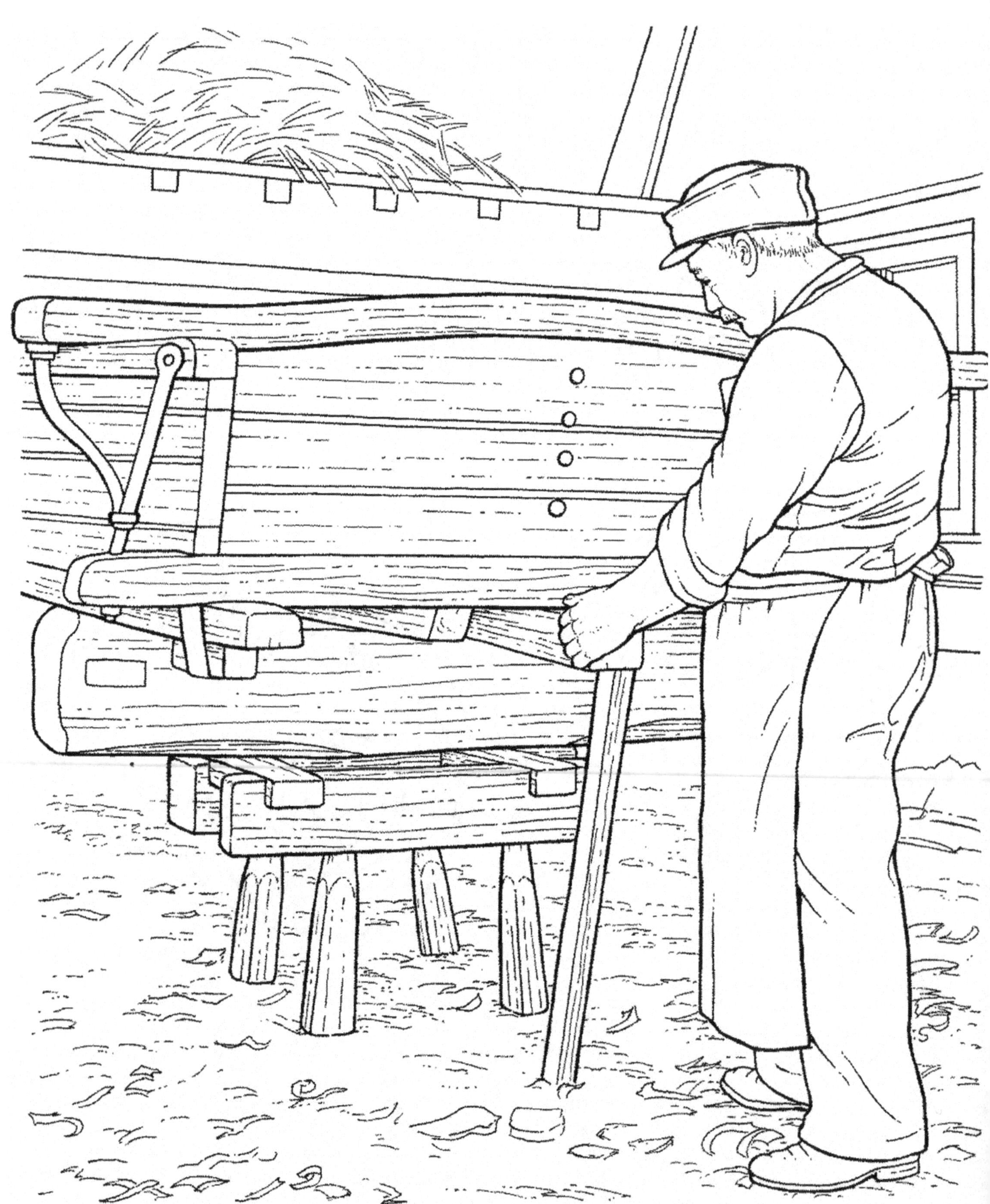

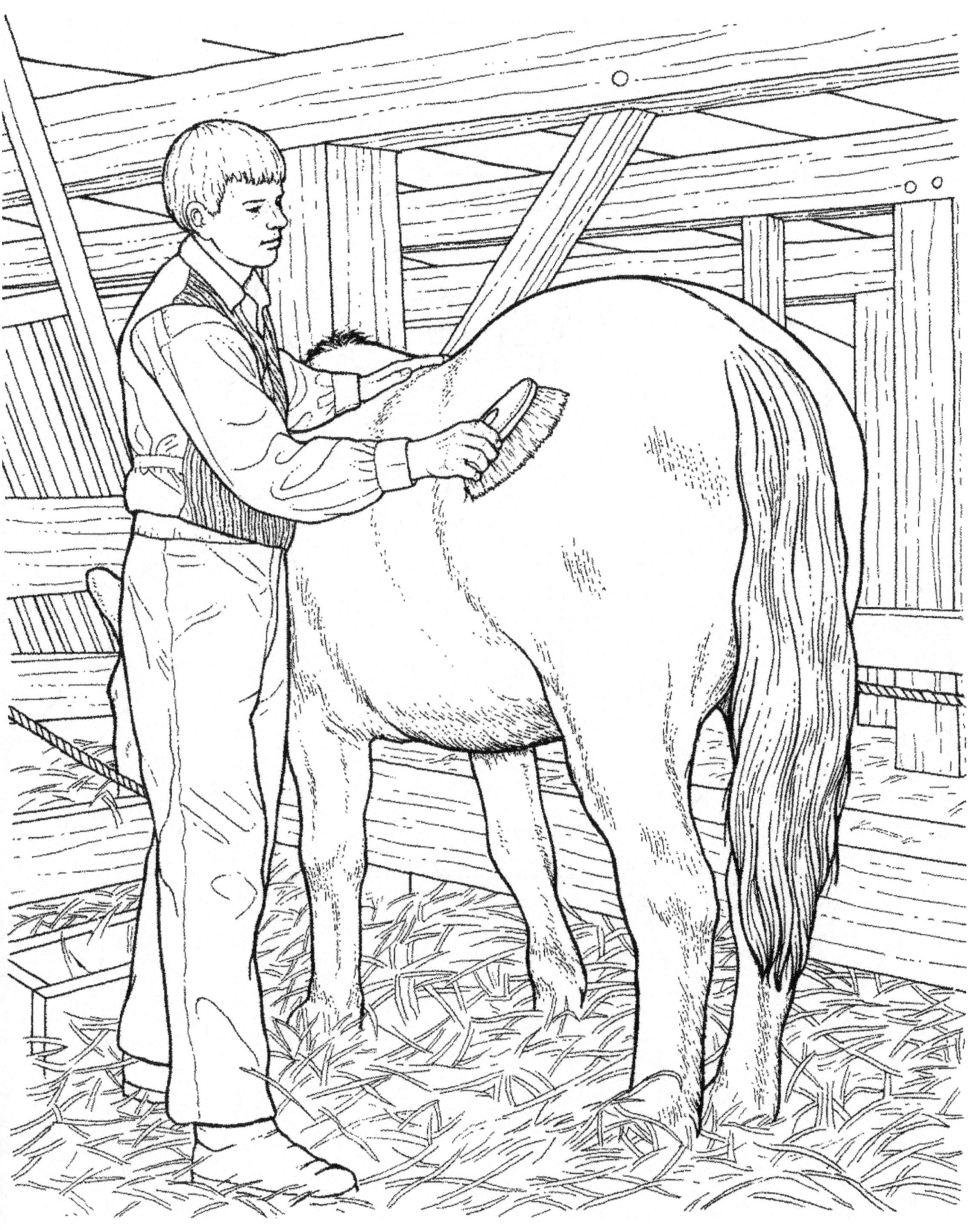

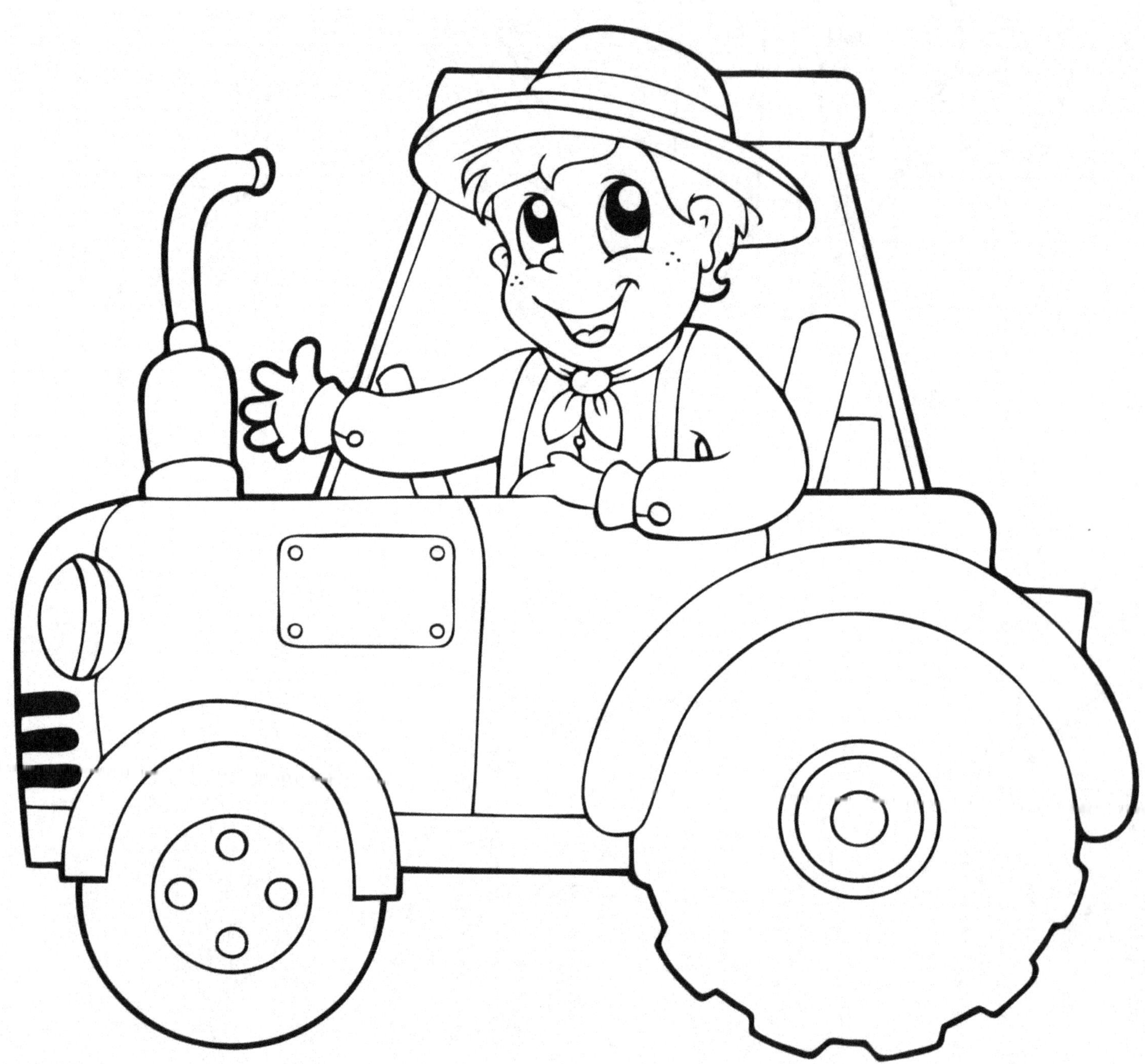